JOYAUX

DE

S. A. I.

MADAME LA PRINCESSE

MATHILDE

JOYAUX

de

S. A. I.

Madame la Princesse

MATHILDE

CONDITIONS DE LA VENTE

Elle sera faite au comptant.

Les acquéreurs paieront *dix pour cent* en sus des prix d'adjudication.

Les poids des pierres et perles montées ne sont indiqués dans le catalogue qu'à titre de renseignement et sans aucune garantie.

Les expositions mettant les acquéreurs à même de se rendre compte de la nature et de l'état des objets, aucune réclamation ne sera admise une fois l'adjudication prononcée.

Paris. — Imp. Georges Petit, 12, rue Godot-de-Mauroi. — 14353-04.

CATALOGUE

DES

JOYAUX
Colliers de Perles

PARURES EN PERLES

Brillants anciens, Pierres de couleur

HORLOGES

AYANT APPARTENU A

S. A. I. MADAME LA PRINCESSE MATHILDE

ET DONT LA VENTE

PAR SUITE DE SON DÉCÈS, AURA LIEU A PARIS

GALERIE GEORGES PETIT, 8, rue de Sèze

Du Jeudi 26 Mai au Samedi 4 Juin 1904

à deux heures précises

COMMISSAIRE-PRISEUR

Mᶜ PAUL CHEVALLIER

10, rue de la Grange-Batelière, Paris

EXPERTS

M. ANDRÉ FALIZE	MM. MANNHEIM
JOAILLIER	7, rue Saint-Georges, 7
6, rue d'Antin, 6	PARIS

EXPOSITIONS

PARTICULIÈRE : *Le Mardi 24 Mai 1904, de 1 h. 1/2 à 6 h.*
PUBLIQUE : *Le Mercredi 25 et Dimanche 29 Mai 1904, de 1 h. 1/2 à 6 h.*

ORDRE DES VACATIONS

Le Jeudi 26 Mai 1904.

Le Vendredi 27 Mai 1904.

Le Samedi 28 Mai 1904.

Le Lundi 30 Mai 1904.

Pièces pour coiffures . . . . 266 à 269
Collier 237
Pendants d'oreilles 253
Colliers . . . . 227 à 229
Colliers 231
Broches fantaisie . . . . 168 à 171
Bracelets fantaisie . . . . 157 à 163
Boutons d'oreilles 94
COLLIER DE PERLES NOIRES 5
Importante parure perles poires grises . . . . 16 à 22
Broches perles . . . . 29 et 30
Peigne 55
Collier brillants 60
Pendeloques . . . . 86 à 89

Le Mardi 31 Mai 1904.

Bijoux divers . . . . 280 à 285
Colliers de fantaisie . . . . 232 à 234
Pendentifs . . . . 216 à 220
Broches fantaisie . . . . 192 à 195
Bracelets fantaisie . . . . 145 à 150
COLLIERS DE PERLES . . . . 2 à 4
Pendeloques perles 39
Peignes . . . . 52 et 53
Devant de collier 62
Broche tête d'aigle 67
Fermoirs de colliers et broches . . . . 74 à 76
Broches perles et pierreries . . . . 36 et 37

Le Mercredi 1er Juin 1904.

Bijoux divers . . . . 304 à 309
Pièces pour coiffures . . . . 261 à 265
Bijoux divers . . . . 275 à 279
Broches fantaisie . . . . 172 à 175
Bracelets fantaisie . . . . 111 à 114
Horloges . . . . 317 à 319
Peigne brillants 101
BRILLANT ROSE FORME POIRE 63
Collier de chien perles . . . . 7 et 8
Peigne 56
Collier russe en brillants 59
Boutons d'oreilles saphirs 95
Broches saphirs et brillants . . . . 68 et 69

Le Jeudi 2 Juin 1904.

Bijoux divers . . . . 310 à 316
Épingles de coiffure . . . . 270 à 274
Médaillons . . . . 211 à 215
Boucles de ceintures . . . . 224 à 226

Broches fantaisie . . . . 180 à 183
Bracelets fantaisie . . . . 120 à 125
Petits peignes . . . . 102 et 103
BROCHE PERLES 31
PENDELOQUES PERLES 38
Grand nœud brillants 64
Pendentifs . . . . 82 à 85

Le Vendredi 3 Juin 1904.

Bijoux divers . . . . 286 à 291
Colliers de fantaisie . . . . 2 8 à 242
Broches fantaisie . . . . 164 à 167
Bracelets fantaisie . . . . 151 à 156
Bracelets et boucles . . . . 106 à 108
Boutons d'oreilles 97
Collier perles grises et brillants . . . . 9 à 15
Pendentif perle 49
Branche de corsage brillant 65
Broche 90

Le Samedi 4 Juin 1904.

Pendants d'oreilles fantaisie . . . . 257 à 260
Médaillons . . . . 201 à 207
Collier 235
Broches fantaisie . . . . 195 à 200
Bracelets fantaisie . . . . 139 à 144
Diadème brillants 98
Broches brillants . . . . 77 à 81
Fil de vingt-six perles 23
Pendeloques perles . . . . 40 à 42
Broches perles . . . . 24 et 25
Broches . . . . 91 et 92

ORDRE NUMÉRIQUE DES BIJOUX

AVEC INDICATION DES JOURS DE VENTE

1 Le Jeudi 26 Mai.	26 à 28 Le Vendredi 27 Mai.
2 à 4 Le Mardi 31 Mai.	29 et 30 Le Lundi 30 Mai.
5 Le Lundi 30 Mai.	31 Le Jeudi 2 Juin.
6 Le Vendredi 27 Mai.	32 et 33 Le Samedi 28 Mai.
7 et 8 Le Mercredi 1er Juin.	34 et 35 Le Jeudi 26 Mai.
9 à 15 Le Vendredi 3 Juin.	36 et 37 Le Mardi 31 Mai.
16 à 22 Le Lundi 30 Mai.	38 Le Jeudi 2 Juin.
23 Le Samedi 4 Juin.	39 Le Mardi 31 Mai.
24 et 25 Le Samedi 4 Juin.	40 à 42 Le Samedi 4 Juin.

43 à 48	Le Samedi 28 Mai.
49	Le Vendredi 3 Juin.
50	Le Vendredi 27 Mai.
51	Le Jeudi 26 Mai.
52 et 53	Le Mardi 31 Mai.
54	Le Vendredi 27 Mai.
55	Le Lundi 30 Mai.
56	Le Mercredi 1er Juin.
57 et 58	Le Samedi 28 Mai.
59	Le Mercredi 1er Juin.
60	Le Lundi 30 Mai.
61	Le Vendredi 27 Mai.
62	Le Mardi 31 Mai.
63	Le Mercredi 1er Juin.
64	Le Jeudi 2 Juin.
65	Le Vendredi 3 Juin.
66	Le Samedi 28 Mai.
67	Le Mardi 31 Mai.
68 et 69	Le Mercredi 1er Juin.
70 à 73	Le Vendredi 27 Mai.
74 à 76	Le Mardi 31 Mai.
77 à 81	Le Samedi 4 Juin.
82 à 85	Le Jeudi 2 Juin.
86 à 89	Le Lundi 30 Mai.
90	Le Vendredi 3 Juin.
91 et 92	Le Samedi 4 Juin.
93	Le Samedi 28 Mai.
94	Le Lundi 30 Mai.
95	Le Mercredi 1er Juin.
96	Le Samedi 28 Mai.
97	Le Vendredi 3 Juin.
98	Le Samedi 4 Juin.
99 et 100	Le Samedi 28 Mai.
101	Le Mercredi 1er Juin.
102 et 103	Le Jeudi 2 Juin.
104 et 105	Le Vendredi 27 Mai.
106 à 108	Le Vendredi 3 Juin.
109 et 110	Le Jeudi 26 Mai.
111 à 114	Le Mercredi 1er Juin.
115 à 119	Le Samedi 28 Mai.
120 à 125	Le Jeudi 2 Juin.
126 à 132	Le Jeudi 26 Mai.
133 à 138	Le Vendredi 27 Mai.
139 à 144	Le Samedi 4 Juin.
145 à 150	Le Mardi 31 Mai.
151 à 156	Le Vendredi 3 Juin.
157 à 163	Le Lundi 30 Mai.
164 à 167	Le Vendredi 3 Juin.
168 à 171	Le Lundi 30 Mai.
172 à 175	Le Mercredi 1er Juin.
176 à 179	Le Samedi 28 Mai.
180 à 183	Le Jeudi 2 Juin.
184 à 187	Le Jeudi 26 Mai.
188 à 191	Le Vendredi 27 Mai.
192 à 195	Le Mardi 31 Mai.
196 à 207	Le Samedi 4 Juin.
208 à 210	Le Vendredi 27 Mai.
211 à 215	Le Jeudi 2 Juin.
216 à 220	Le Mardi 31 Mai.
221 à 223	Le Jeudi 26 Mai.
224 à 226	Le Jeudi 2 Juin.
227 à 229	Le Lundi 30 Mai.
230	Le Vendredi 27 Mai.
231	Le Lundi 30 Mai.
232 à 234	Le Mardi 31 Mai.
235	Le Samedi 4 Juin.
236	Le Vendredi 27 Mai.
237	Le Lundi 30 Mai.
238 à 242	Le Vendredi 3 Juin.
243 à 246	Le Jeudi 26 Mai.
247 à 252	Le Samedi 28 Mai.
253	Le Lundi 30 Mai.
254 à 256	Le Vendredi 27 Mai.
257 à 260	Le Samedi 4 Juin.
261 à 265	Le Mercredi 1er Juin.
266 à 269	Le Lundi 30 Mai.
270 à 274	Le Jeudi 2 Juin.
275 à 279	Le Mercredi 1er Juin.
280 à 285	Le Mardi 31 Mai.
286 à 291	Le Vendredi 3 Juin.
292 à 297	Le Jeudi 26 Mai.
298 à 303	Le Samedi 28 Mai.
304 à 309	Le Mercredi 1er Juin.
310 à 316	Le Jeudi 2 Juin.
317 à 319	Le Mercredi 1er Juin.

LA PRINCESSE MATHILDE

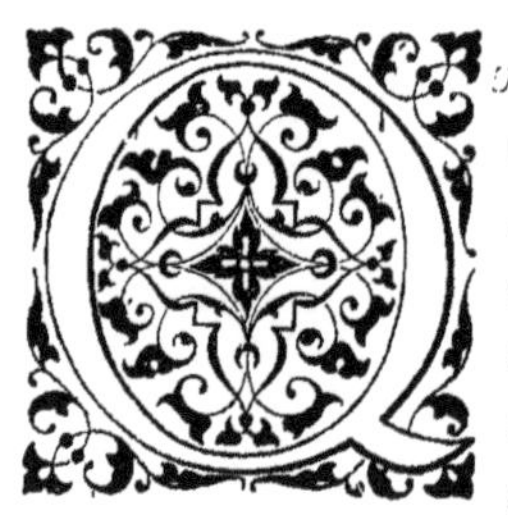UICONQUE, *dans ces trente dernières années, a été admis à approcher la Princesse Mathilde, ne saurait se la représenter hors des deux cadres qu'elle s'était composés et qui, par une infinité de détails, révélaient ses goûts, ses formes de penser, ses compréhensions de l'art, de la société et de la nature. Rien que par là elle apparaissait toute, et qui avait bien regardé l'hôtel de la rue de Berry ou le château de Saint-Gratien était mieux à même de parler de la nièce de l'Empereur que si, par des documents écrits, des témoignages ou même des conversations, il avait cherché à prendre une idée de sa psychologie.*

Il est des cadres préparés par les architectes et les tapissiers où peut se faire voir tout individu susceptible de les payer, quel que soit son âge, son sexe, sa patrie et sa naissance. Le possesseur les admire, s'y contemple avec orgueil, les fait envier à ses amis, mais qu'un subit revers de fortune l'en chasse, demain, tel autre s'y installe, y porte ses malles, et y fait pareille figure. Au fait, chacun y a passé comme en un hôtel meublé et, de ces hôtes d'un jour, rien ne subsiste, pas même leur nom.

Il est au contraire des êtres privilégiés qui, à aucune des chambres qu'ils ont traversées, à aucun des objets qu'ils ont choisis, à aucune des dispositions qu'ils ont prises pour l'agrément, le confortable ou le luxe de leur vie, ne sauraient être méconnus, dont les appartements symbolisent à ce point l'âge, le rang, le sexe, les goûts, les aspirations et les amitiés, que nul autre qu'eux n'y est supportable et que les voir habités par de nouveaux venus semble une profanation. Il n'était point, rue de Berry ou à Saint-Gratien, une tenture que la Princesse n'eût désirée et qu'elle n'eût fait disposer, pas un meuble dont elle n'eût réglé la place, pas un objet d'art dont elle n'eût préparé l'effet et, de même qu'aux bijoux dont elle se parait, qu'aux toilettes qu'elle portait, elle savait imprimer à tout ce qui l'entourait la marque essentielle de sa personnalité.

Cet hôtel, où elle a passé les trente dernières années de sa vie, n'était point immense ni somptueux; il ne prenait point du dehors des airs de palais; même au dedans, par ses dimensions, sa disposition, sa décoration, il eût paru médiocre et vieillot aux gens qui admirent les maisons dont l'architecture contemporaine orne chaque jour les nouveaux quartiers de Paris; mais, en entrant rue de Berry, nul ne pouvait s'y méprendre; on entrait chez la Princesse et il convenait dès lors que l'hôtel qu'elle habitait ne fût point tout neuf, qu'il n'eût rien du clinquant d'une fortune récente, qu'il ne tirât point l'attention, qu'il fût pourtant d'une honorabilité indiscutable et d'une telle dimension que celle qui l'habitait pût y recevoir, avec les princes de passage ou de séjour, toutes les notabilités de Paris et tous les serviteurs de sa famille. Ce difficile problème, la Princesse l'avait résolu à miracle.

Passée la double voûte des communs qu'on voit seuls de la rue, traversée la cour sablée, on pénétrait dans un vestibule, aux portes curieusement peintes de fleurs éclatantes, aux murs tendus de rouge, sur qui ouvraient à gauche la cage de l'escalier, en face et à droite les portes des salons. Dès lors, on savait chez qui l'on était, car, des deux côtés de la porte principale, se dressaient les bustes de marbre de l'Empereur Napoléon III et de l'Impératrice Eugénie, et, jusqu'en cette antichambre, s'étendait une atmosphère de calme, d'empressement discret et de respectueux silence. Les portes de droite ouvertes, on entrait dans une sorte de galerie, formée de deux salons dont la cloison avait été enlevée et qui, malgré leur réunion, gardaient chacun une disposition et un aspect particuliers. Dans le premier, un piano droit, une vitrine, des canapés, un de ces poufs à quatre faces qu'on aimait jadis ; le long des murs, coupant les panneaux de leur allure élancée, des bustes de marbre, bustes du Roi Jérôme, de la Reine Hortense, de l'Impératrice Joséphine ; sur la cheminée, en marbre blanc fort ordinaire, un grand buste de Madame Mère ; à côté, le buste triomphal de la Princesse, par Carpeaux ; puis, quelques statuettes de biscuit de Sèvres ; sur les meubles, des vases de Chine montés. Dans le second salon, empiétant légèrement sur le premier, une grande table ronde était disposée ; sur cette table, que couvrait un tapis de soie rouge, étaient placés, dans un ordre immuable, les journaux illustrés, les revues, les livres récemment offerts, les menus bibelots que la Princesse aimait à manier, son panier à ouvrage, ses lunettes, ses flacons, ses bonbonnières ; chaque soir, après dîner, c'était là, à l'extrémité d'un canapé, qu'elle s'asseyait, et le demi-cercle qui se formait à sa gauche, composé de ses intimes ou des personnes de sa maison, laissait libres pour les visiteurs les chaises et les fauteuils qui, de l'autre côté, complétaient le cercle, tandis qu'au fond, le long du mur, sur des canapés, d'autres personnes venaient s'asseoir. Ainsi la Princesse formait-elle vraiment le centre de son salon et n'était-ce qu'au cas de grande affluence qu'on s'isolait pour des conversations particulières dans ce qui semblait une première pièce. Elle voyait entrer chacun et, durant quelques instants au moins, gardait les arrivants sur les sièges à côté d'elle. Comment dire cette impression de bonté supérieure et de grâce souveraine, les nuances qu'elle portait à chaque accueil, les intonations de chaque conversation et le divin sourire par qui, à des moments, elle couvrait les silences ? A côté d'elle, la cheminée de marbre blanc, sur laquelle était placée une garniture Louis XVI ; un ou deux meubles à peine, sans importance, d'un Louis XVI moderne ; dans les angles, de grands vases de Chine ; mais, sur les murs, uniformément tendus de soie rouge, des tableaux, les couvrant étroitement, s'harmonisaient aux êtres, et, dans les ors éteints des cadres somptueux, montraient *des faces pâles de Rois ou de Princesses, des brocards, des bijoux, des dentelles d'or, ouvraient des percées joyeuses sur d'idéales Venises, mettaient la chair nue d'une Bethsabée souriante dans un clair paysage, tout cela sobre, apaisé, supérieur, d'un art excluant le tapage, méprisant l'incomplet et touchant au chef-d'œuvre.*

Semblable était la décoration du troisième salon où l'on pénétrait à la fois du vestibule et de la galerie ; il avait pour ornement le sublime portrait de femme de l'École anglaise que la Princesse a légué au Louvre, et les tableaux qui l'accompagnaient, plus clairs, plus jeunes d'aspect, plus vibrants de tons, y mettaient une note d'ensemble plus gaie, qu'accentuait, sur une grande console dorée, l'étalage de la toilette en argent de Potemkin ; aussi bien passait-on là sans y rester guère, sauf les grands jours : c'était le chemin de sortie, car, comme la galerie, ce salon débouchait sur l'immense serre, serre par sa structure de fer, par son toît de vitrage que couvrait un velum, salon bien plutôt, mais salon sans analogue et tel que nul hall n'en atteint les proportions. Et comme il était bien compris pour des réceptions telles que la Princesse pouvait seule en donner ! Point de fenêtres autres que des portes de glaces menant au jardin ; les murs tendus de rouge comme dans les salons et, sur ces murs, tous les tableaux qu'elle possédait de l'École moderne, certain immense, tableau de musée dépassant les sept mètres et couvrant toute une paroi ; sur les trois autres, des dispositions ingénieuses utilisant les moindres places, et, dans le meilleur jour, présentant les meilleures toiles. Ce qui donnait la physionomie d'une serre à ce salon qui, sur la largeur, avait environ dix mètres et le double sur la longueur, c'étaient quatre palmiers sortant d'énormes vasques de cuivre oriental aux arabesques savantes, qui, rehaussés sur des pieds ouvragés, évasaient bien au-dessus des têtes leurs feuillages découpés ; au centre du salon, au-dessus des feuillages qu'il dominait et qui l'encadraient pourtant, planant sur la foule empressée des grands jours, l'Empereur d'airain, tel que la divinité du lieu, se dressait sur une haute colonne de marbre gris. Ce rappel unique suffisait, car nul des tableaux n'avait un caractère officiel, et les quelques portraits, celui du Prince Napoléon par Flandrin, celui de la Princesse par Hébert et par Doucet, ceux des Princes tout jeunes par Ferrier, n'auraient point suffi à formuler à la fois les droits et les devoirs, à rappeler les convenances et à imposer le respect : le buste de Chaudet parlait aux yeux, comme il parlait aux esprits, et c'était assez.

Par quelles combinaisons ingénieuses et rares, par quels artifices savants, par quelle science du monde et de ses besoins, était-on parvenu à faire de cette immense pièce, non pas un hall à l'anglaise, mais une réunion de salons, où les coteries pouvaient s'isoler et où, les grands soirs, s'assemblait, pour écouter des musiques, un auditoire dont le dispersement ne faisait que rendre le plaisir plus sensible ? Le long des murs, des consoles portant de beaux vases de Sèvres ou du Japon, des gaines surmontées de candélabres, la statuette de la Princesse par Barre, et des canapés ; au-devant de ceux-ci, des tables où étaient présentés des portraits sur des chevalets mobiles, d'autres tables avec des buvards et des écritoires, un piano à queue : c'étaient les meubles, mais à peine les voyait-on ; au centre, autour du buste de l'Empereur, quatre canapés, disposés parallèlement aux quatre parois de la serre, faisaient comme autant de compartiments, que complétaient, sur les côtés longs, de grands poufs à quatre faces ; ainsi se succédaient comme six salons communiquants, merveilleusement appropriés à la fois pour les conversations particulières et pour une audition générale. Tout cela, fauteuils, poufs, canapés, était couvert de soie rouge ; beaucoup de meubles capitonnés, d'autres à bois dorés ; mais rien n'en paraissait : ce qu'on voyait, c'était la colonne, les ors des grands vases orientaux, les fanfares de quelques paravents chinois, les gaines de porcelaine supportant de grands faisceaux de lumière et, dans la clarté que répandaient des lustres de cuivre aux multiples lampes électriques, ces tableaux clairs, femmes nues, guerriers galamment attifés, enfants sacrificateurs, des tableaux à l'infini, mais disposés si joliment que chaque panneau semblait préférable jusqu'à ce qu'on eût regardé le suivant.

Sur la gauche de la serre, s'ouvrait une large baie que décoraient des tapisseries : par trois marches, régnant tout le long de cette baie, et décorées aux deux extrémités par une balustrade, on accédait à la salle à manger : au fond, sur une haute glace que décoraient des feuillages, la statue de Bonaparte à Brienne, *cette jolie statue de Louis Rochet, un des plus agréables monuments que la reconnaissance nationale ait érigés à l'Empereur ; des deux côtés, sur des piédouches élevés, les bustes du Roi Jérôme et du Prince Napoléon par Guillaume ; puis, sauf quelques vases de Sèvres sur des gaines, sauf un beau coffre de mariage italien et une curieuse horloge hollandaise à carillon dansant, rien autre pour décorer les murs que des tapisseries ; mais quelles tapisseries ! Celles que le Pape Léon X fit tisser aux ateliers de Van Aelst, d'après les cartons de Jean d'Udine et de Jules Romain ; la suite admirable des* Jeux d'enfants. *C'est, sur un fond jaune clair, de beaux et robustes garçons s'ébattant au milieu de guirlandes de fruits et de fleurs, d'oiseaux vibrants et d'animaux étranges : pour cadres, des bordures aux insignes des Médicis, plumes et couronnes. Chacune des huit pièces présente les emblèmes particuliers d'un des membres de la famille. Il faut y voir ceux de Laurent le Grand, de Pierre II, de Jean qui fut le Pape Léon X, de Julien, peut-être d'Hippolyte son fils, le cardinal de Médicis, et vraisemblablement de Laurent II et de Côme. Certains esprits ingénieux et savants avaient, d'après les textes originaux, recherché les origines, retrouvé les allusions et, par là, fait à chaque personnage l'attribution indiscutable de la tapisserie qui lui était dédiée. Il y eut ainsi matière à des dissertations qui, par malheur, ne se retrouvent point, mais le problème, plus tard, avait si fortement tenté Eugène Müntz qu'il s'était promis d'en faire un livre, sur lequel ses notes, maintenant à la Bibliothèque nationale, seraient sans doute précieuses à consulter. Ce que n'aurait point dit le savant, c'était l'harmonie puissante et nerveuse de la coloration, l'éclat des soies, la conservation du tissu, la beauté du dessin, la splendeur d'une telle décoration, et lorsque, le buffet dressé, avec les Sèvres et la vaisselle plate, avec, au milieu, un grand aigle d'or à l'aile à demi repliée, d'en bas, du fond de la serre, par la baie aux tapisseries relevées, on voyait cette sorte de chapelle d'or où s'ébattaient parmi les fleurs des enfants clairs, c'était une des plus jolies impressions d'élégance et d'art qu'on pût ressentir.*

Mais cette impression n'eût point été complète, elle n'eût point acquis cette acuité qui la rend inoubliable et la fait, après des années, à ce point sensible à la mémoire, si, vers le milieu de la soirée, l'on n'avait vu la Princesse quitter le premier salon où elle accueillait les arrivants, et faire son entrée dans la serre. Tout le monde se levait à son approche et elle passait d'un mouvement très doux, presque insensible, qui la portait droite au travers des groupes. Elle disait un mot à chacun, et à chacun elle faisait la grâce de son sourire. On ne savait si elle était très grande, mais l'on ne voyait qu'elle, le rayonnement de sa figure, la chute de ses épaules, le port de sa tête, l'allure, qui était à la fois imposante, comme il sied à une princesse, et gracieuse comme il sied à une femme. Où qu'elle eût été, elle eût primé toutes les femmes et elle eût reçu l'admiration respectueuse de tous les hommes, et, sans que nul eût pu la lui contester, elle eût pris sa place — la première. La grande toilette convenait à sa beauté, les robes étoffées et longues, de soies claires, d'où, comme il était de mode sous le second Empire, les épaules jaillissaient toutes, les légères écharpes dont elle jouait, les éventails admirables qu'elle maniait de ses mains divines, les bijoux surtout, non qu'elle se chargeât de pierreries, mais que, à chaque fois, elle montrât une parure — une seule — telle que nul particulier n'en possède et que toutes les reines l'envieraient. Son écrin semblait inépuisable et soit qu'elle en tirât son collier de perles à sept rangs, son collier de perles noires, le collier de trois rangs de perles que l'Empereur Napoléon donna à la Reine de Westphalie lors de son mariage, la rivière de diamants aux chatons énormes, le collier de diamants d'une si rare monture, le diadème impérial qui seyait si bien à sa tête, l'aigle de diamants qu'elle portait à son corsage, toujours le joyau était d'une valeur inappréciable et d'une puissance de beauté qui défiait toute rivalité. Après la vente des diamants de la Couronne, on vit, un soir, venir rue de Berry, des femmes qui, ayant acheté de ces parures impériales, avaient eu le goût de s'en parer dans ce salon. Elles comptaient sur un grand effet. La Princesse parut avec ses perles noires autour du cou, et chacun reprit sa posture d'origine, l'air qui lui convenait et le rang qu'il devait avoir.

Elle allait ainsi, faisant à chacun sa part, secourable aux humbles et aux timides, mettant une nuance à chaque parole, une attention à chaque sourire. Le mot représenter n'était français que lorsqu'on l'avait vue. Elle excellait, non à être du monde, — ce n'eût point été le mot, — mais à se tenir d'un degré supérieur au monde, tout en sachant à miracle ce qu'on lui doit et en lui faisant sa large part. Ce n'était point qu'elle eût de la hauteur, elle avait de la dignité; ce n'était point qu'elle montrât rien qui pût passer pour de la morgue, mais elle restait au rang où elle était née, et s'il arrivait que quelqu'un, non méchamment, mais par sottise, franchît la distance, l'étonnement de son regard, le son de sa voix, un rien, mais sensible, montrait comme intimement elle éprouvait le froissement. Que si, à ses dieux, l'Empereur et la France, quelqu'un s'avisât de manquer, alors il se levait en elle une colère vengeresse et, d'une parole qui devenait coupante et qui, par la gravité des sons, ajoutait à l'éloquence des mots, elle châtiait, flétrissait, chassait, car, au profond d'elle, malgré le vernis emprunté des conventions sociales, malgré le goût naturel, développé depuis sa jeunesse, de recevoir en son salon ce qu'on nomme Tout-Paris, malgré les compromissions qu'entraînaient la crainte de l'exil, la curiosité de nouveaux êtres et la faiblesse devant certaines sollicitations, elle demeurait la Princesse Impériale et elle ne tolérait point qu'on insultât ses autels.

Telle alors, dans ses emportements de nature vraie, elle n'avait, pour imposer et se montrer la nièce de César, nul besoin de grands atours, de diadèmes et de perles, et peut-être l'eût-on trouvée plus majestueuse encore en sa simple robe de foulard bleu à pois blancs, avec son tablier noir au devant d'elle, et ses gants de Suède légers qu'elle ne quittait point.

Ainsi paraissait-elle dans ses appartements particuliers, où l'on accédait par l'escalier médiocre, à la rampe si joliment drapée d'étoffes chinoises, à la cage garnie de haut en bas de tableaux, certains immenses, comme le portrait équestre de la Reine Catherine, par Gros, qui est maintenant à Versailles. Un palier étroit — et l'on entrait d'abord dans un salon, au-dessus du vestibule, puis dans une galerie pareille à celle du rez-de-chaussée. Dans la première pièce, où, sur les murs elle avait placé beaucoup de ses grandes aquarelles, elle avait réuni dans des vitrines les bibelots jolis, les tabatières, les émaux, les laques, les porcelaines; dans la galerie, l'Empereur avait la première place au milieu des portraits et des souvenirs familiaux, et si quelques beaux dessins du XVI⁰ siècle, quelques cadres précieux, des vitrines-étagères encombrées de raretés, une grande armoire moderne aux panneaux curieusement peints, mettaient une impression d'art dans ce salon qui ne pouvait être habité que par une femme et par une grande dame, où l'intimité de la vie se montrait aux quantités de petites tables disposées çà et là, celles-ci chargées de livres, celles-là portant des écritoires, des portraits, de menus bibelots d'usage, où le canapé aux mille coussins de soies claires, marquait la place d'habitude, l'image partout répétée du héros familial établissait les origines et baptisait les êtres. Pourtant, la Princesse n'acceptait pas sans choix toutes les représentations de l'Empereur; son culte ne consentait point à s'abaisser jusqu'à recueillir les objets populaires où l'inexpérience de l'exécutant met parfois un art primitif et brutal tel qu'on le trouve au haut Moyen-Age; elle souriait des enthousiastes qui, dans leur manie de collectionner, ramassent tous les ustensiles vulgaires sur qui l'Empereur est figuré; elle voulait des œuvres précieuses, où la beauté de la matière fût digne de la noblesse des formes et qui fussent d'un art appris, correct et officiel.

Telle était sa façon de comprendre l'art, l'art pictural surtout, auquel elle s'était adonnée d'enfance et qu'elle cultiva jusqu'aux jours de son extrême vieillesse. A côté de ce salon où, dans la journée, elle recevait de préférence ceux qu'elle honorait de sa confiance, et, peut-on dire, de son amitié — car, princesse de naissance, de nature et de caractère, elle sut, comme son frère, se faire et se garder des amis, — était son atelier où, deux fois la semaine, elle s'enfermait pour travailler tout le jour. Ce n'était point là chez elle un goût auquel elle se contraignît, comme était la musique qu'elle pratiquait aussi. De bonne foi et pour le plaisir, avec une joie qui se montrait à son attention, elle besognait à sa peinture et y prenait du mal. De ses doigts légers et fins, la main la mieux faite qu'on pût voir copiait avec une patience appliquée le modèle vivant, d'un geste adroit plongeait le pinceau dans le grand verre, reprenait des couleurs sur la palette et lavait largement le papier. Quel tableau de sa galerie la Princesse n'a-t-elle pas copié? Du quel de ses hôtes de Saint-Gratien n'a-t-elle point tenté le portrait? Elle avait choisi, pour la guider en ses peintures — après Raffet qu'elle eut à Florence, — d'abord Giraud, merveilleux improvisateur, artiste adroit et littéraire, une sorte de Dumas père de la peinture; puis, à la mort de Giraud, en 1881, Ferrier, puis Doucet, puis Baschet; mais, au vrai, le seul qui ait pu exercer une influence sur son esthétique, ce fut Eugène Giraud. Il l'amusait, la distrayait, lui contait des histoires; toujours, comme J.-B. Isabey, qu'il n'égalait point certes, mais qu'il rappelait par des côtés, il était prêt à toute besogne de peintre, tantôt couvrant les murs de sa peinture légère, aimable et vivante, tantôt croquant sur nature la charge des invités — témoin l'album que la Princesse a légué au Cabinet des Estampes, — tantôt s'exerçant aux portraits officiels — témoin ce portrait qu'il fit d'elle, de profil, couronne en tête, le col nu paré de ses perles historiques, issant, comme on dit en blason, d'un manteau de velours rouge. Trente-cinq années durant, il fut « l'ami familier et fidèle ». On voudrait à preuve citer au moins quelques passages de ce petit livre où la Princesse a dit ses souvenirs d'Eugène Giraud, mais l'amitié n'est point ici en jeu.

Comme commensal, Giraud eut son influence dans la maison, où il avait introduit, avec son frère Charles, qui a reproduit les intérieurs de l'hôtel de la rue de Courcelles en des tableaux qui prendront un intérêt documentaire très particulier, son fils Victor, dont la Princesse acquit l'immense toile, le Charmeur de pigeons du Salon de 1870, *mais lui-même avait, sur la Princesse, en tant qu'artiste et surtout en tant qu'appréciatrice des arts, exercé une action. Peut-être vaudrait-il mieux dire qu'il avait contribué à déformer sa nature.*

Illustrateur plus que peintre, Giraud était de l'arrière-garde des romantiques, romantique timoré, point coloriste, — son plus grand succès, au Salon de 1839, a été la Permission de dix heures, *— mais romantique tout de même, par sa passion pour les choses et les gens de théâtre, par l'exotisme de ses sujets, par sa conversation, sa blague et ses amitiés; il éreintait de bon cœur les* pompiers, *les bourgeois, l'art officiel et le reste, tout friand qu'il fût de décorations et d'honneurs, et, quoique élève de Hersent, lequel l'était de Regnault, il méprisait, comme il avait été de mode en son bon temps, tout ce qui était la peinture de l'Empire. Il n'allait point jusqu'à vanter l'anarchie en matière d'art, l'autodidactisme, l'impressionisme et le reste; même, quoiqu'il eût été des compagnons de voyage de Dumas père, méprisait-il assez les fougues de coloris des romantiques échevelés. Sa peinture mince ne se prêtant pas aux empâtements, il niait volontiers ce qu'il ne faisait point, mais parce qu'il démolissait ceux-ci, il n'en voulait pas moins à ceux-là. Il s'arrêtait à un degré qui n'eût pas été fort loin de celui où monta Horace Vernet: même facilité, même faculté d'improvisation, chez lui moins d'accent, de science, de pittoresque, point de spécialité militaire, ce qui était le grand tort, mais de l'esprit infiniment, de l'observation superficielle, une prestesse amusante; au fond, la même race. La Princesse, si elle eût suivi son tempérament, eût été franchement à cette glorieuse école dont chaque jour qui passe établit la puissance, la fécondité, la résistance, et qui, par la probité du dessin et la loyauté de la peinture, s'établit la souveraine incontestée*

de l'Art français au xixe *siècle. Mais elle n'avait point, pour réagir
contre son entourage, la belle et tranquille fermeté de son frère qui,
lui, ne transigea point, et qui, dans le passé, demeura fidèle à David,
dans le présent, à Ingres et à Flandrin. Elle subit sur ces points
les influences ambiantes, mais l'on ne gagna point sur elle au point
qu'elle abandonnât cette sorte d'esthétique instinctive qui était de sa
race, qui lui donnait la passion de l'ordre, de la netteté, du goût,
de l'ordonnance, qui lui faisait rechercher uniquement, dans les
manifestations d'art, les représentations de la figure humaine, qui
la détournait du paysage et lui rendait haïssables les façons outrées
et violentes d'envisager la nature ; elle admit des transactions et,
parce que certains peintres fréquentaient sa maison, elle leur acheta
des tableaux qui lui déplaisaient, mais elle donna son argent en
réservant son estime. Elle se rendit moins exclusive qu'elle n'eût été
de fond, mais son éclectisme n'alla jamais jusqu'à lui faire admettre
certains sujets. et certaines façons de les peindre. Dans le choix des
tableaux que, sous l'Empire, elle achetait aux Salons — et elle en
acheta infiniment — elle était, en même temps que par ce goût
d'art, conduite par un sentiment qui est une des plus jolies nuances
de son caractère. Il lui plaisait de découvrir un artiste nouveau, de
l'encourager par l'achat de son premier tableau à succès, de
réparer, s'il était opportun, les bévues officielles et de se rendre ainsi
la protectrice de ses confrères : ne s'associait-elle point à eux pour
présenter ses œuvres à la critique et, de 1859 à 1866,* Son Altesse
Impériale Madame la Princesse Mathilde, *élève de M. Eugène
Giraud, n'a-t-elle point été une des plus fidèles exposantes du Palais
de l'Industrie : ainsi mérita-t-elle des libres suffrages des artistes
deux mentions honorables en 1861 et 1863, et une médaille en 1865.*

*Quantité de tableaux ont passé par ses mains généreuses, car
elle aimait donner ; elle le faisait d'une grâce incomparable et d'un
air qui ne permettait point le refus ; elle se plaisait à faire plaisir
et, pour peu qu'un visiteur admirât un peu trop vivement un tableau,
il le trouvait chez lui à son retour. Combien ont ainsi pris place
successivement sur les murs de la serre, qui ont fait ensuite*

l'orgueil de maisons particulières ou ont porté à l'étranger l'honneur de l'art français. Detaille, Zamacoïs, Amaury-Duval, Vollon, Gérôme, combien d'autres, ont traversé le salon de la rue de Berry, mais n'est-ce point qu'avec ceux qui sont restés l'on peut prendre une idée de ce que cherchait la Princesse? Léon Bonnat *n'avait point encore obtenu sa première récompense, lorsqu'elle lui achetait, en 1860 et 1861,* le Jeune Italien *et la* Jeune Fillette italienne ; *Gustave Jacquet était encore un inconnu, lorsqu'elle prenait de lui* l'Appel aux Armes (1867); *Roybet était profondément ignoré, lorsqu'elle choisissait* Un Fou sous Henri III (1866); *James Tissot était plus que contesté, lorsqu'elle voulait* la Retraite dans le Jardin des Tuileries (1868); *Toulmouche exposait pour la quatrième fois, lorsqu'elle lui demandait* Après le Déjeuner (1853), *(catalogué ici sous le titre:* la Causerie après le goûter*), en même temps que l'Impératrice Eugénie achetait* le Premier pas. *Chacun de ces tableaux éveille un souvenir, rappelle une jolie pensée ou une bonne action. Qu'on ne s'étonne point de voir autant de tableaux d'Anastasi: lorsque le pauvre peintre devint subitement aveugle, la Princesse organisa la vente de son atelier et, plus tard, à Saint-Gratien, elle lui offrit jusqu'à son dernier jour une hospitalité qui n'était point seulement généreuse, pleine d'attentions et de douceurs, mais singulièrement méritoire.*

Cette maison, qui était si largement ouverte aux œuvres des artistes, n'était pas moins accueillante à leurs personnes. Quiconque, dans le dernier demi-siècle, a honoré l'École française, y vint recevoir la consécration de son talent. Quelques-uns, après les désastres de 1870, ne surent point trouver le chemin de la demeure nouvelle, mais combien rares ceux-là, près de ceux qui, d'un dévouement respectueux et attendri, d'une amitié constante et fidèle, ont accompagné jusqu'au dernier jour celle dont le gracieux sourire avait salué leurs premiers succès. Hébert, Gérôme, Bonnat, Lefebvre, Detaille, Heullant, Guillaume, combien d'autres! Mais à quoi bon des noms. Plus tard s'écrira l'histoire de ce salon, l'histoire de ces amitiés, l'histoire de la Princesse, et, à l'admiration qu'on ne pourra refuser à la bonté de son cœur, se mêlera la surprise qu'éveillera la hauteur de son esprit. L'on verra alors par quelle rectitude d'idées, par quelle générosité de sentiments, par quelles envolées d'éloquence, par quel amour du vrai, du beau et du bien, la nièce de l'Empereur, si profondément et si gracieusement femme malgré tout, sut attirer, attacher et pour jamais retenir les hommes les plus éminents de son temps.

Du choix que la Princesse faisait elle-même au Salon des tableaux de ses contemporains, faut-il conclure qu'elle agissait de même pour les tableaux des maîtres anciens dont, durant le second Empire, elle composa sa galerie. Elle n'avait là ni les mêmes motifs, ni les mêmes fantaisies, et, s'il lui était agréable d'encourager des artistes nouveaux et de saluer la première l'aube des jeunes talents, dès qu'il s'agissait du passé, c'étaient seulement des toiles dont le mérite fût indiscutable qu'il lui était permis d'accrocher aux murs d'un Palais impérial. Elle trouvait heureusement alors près d'elle, pour l'aider en ses recherches et lui marquer les voies, un directeur de conscience artistique qui fut entre les plus avisés connaisseurs de son temps et dont la compétence indiscutée la mettait à l'abri de toute surprise. M. Frédéric Reiset, Conservateur des peintures au Musée du Louvre, puis Directeur des Musées, fut un de ces hommes rares qui portent à apprécier les choses d'art, en même temps qu'un goût natif, une science faite de comparaisons, d'études, de métier, et qui, s'ils se trompent parfois sur l'attribution d'un tableau, ne se trompent jamais sur la valeur d'une œuvre d'art. Ceux qui rechercheront au Musée Condé les tableaux que, en 1879, M. Reiset céda au duc d'Aumale et qui forment la partie assurément la plus précieuse des collections de Chantilly, sauront à quoi s'en tenir sur le tact que portait M. Reiset dans une telle chasse aux chefs-d'œuvre.

Sans doute, il indiquait seulement et la Princesse décidait, mais, pour repousser de telles indications, comme il eût fallu lutter contre soi-même. Quoi qu'on en ait dit, ce fut une belle époque pour la Curiosité, celle de 1850 à 1870, et que de collections s'y formèrent avec peu d'argent, qui présentement vaudraient des millions. Mais dans ces collections, les amateurs pouvaient, au hasard de la trouvaille, introduire parfois, quel que fût leur goût, un morceau suspect; chez une Princesse impériale, il n'en allait point ainsi; et M. Reiset, qui en avait la responsabilité morale, eût été singulièrement atteint lui-même si l'on avait pu mettre en doute le moindre des tableaux qu'il avait fait choisir. Aussi, moins sévère, moins archaïque, plus facilement abordable, plus meublante si l'on peut dire, que la collection qu'il avait formée pour lui-même, la collection qu'il aida la Princesse à composer est de celles où toutes les pièces, soigneusement triées, méritent une admiration qui n'a rien à faire avec la mode et qui relève de la beauté absolue. Chacune est un exemple frappant d'un temps, d'un milieu, d'une école, et l'ensemble forme à la fois la galerie qui sied à une femme, chez laquelle toutes les convenances doivent être respectées et dont les salons ne sauraient être ni attristés par des supplices, ni sanctifiés à l'excès par des sujets religieux, et la galerie qui sied à une princesse, car tous les tableaux sont vrais, francs, purs et hors de pair. Les quelques chefs-d'œuvre que la Princesse en a détachés pour les offrir au musée du Louvre, afin d'y compléter certaines suites ou d'y donner une note nouvelle, ne primaient point; ils étaient autres. Ceux-ci ou ceux-là pouvaient également prendre place au Louvre, ils étaient de même qualité et de même origine. C'était bien la dernière galerie qui demeurât intacte de toutes celles qui ont été formées il y a cinquante ans : une galerie qui ne fût point fastidieuse par sa spécialité, qui, par ses sujets appropriés à la vie sociale, pût être présentée dans les appartements d'habitude, qui, par un ensemble de tableaux de toutes les écoles, offrît une histoire presque complète de l'art flamand, français et italien du XVIe au XVIIIe siècle, qui fût enfin éminemment décorative, merveilleusement agréable et supérieurement instructive.

Il faut à présent qu'elle soit dispersée, et que cette harmonie soit rompue dont si longtemps nos yeux se sont réjouis. La Princesse l'a ainsi ordonné. Tout ce qui est impersonnel — si quelque chose qu'elle a aimé, regardé, manié, touché, n'a point été à jamais marqué de sa personnalité et n'est point devenu, même historiquement, quelque chose d'elle — tout ce qui n'est point de souvenir, ou de famille, tableaux, miniatures, tapisseries, porcelaines, laques, tout va être mis en vente, — les bijoux même, malgré leur historique provenance. L'auteur de ces lignes n'a point, pour parler comme il faudrait de toutes ces raretés, la compétence nécessaire; il ne saurait trouver, pour tant d'objets qui lui semblaient participer de la vie de la Princesse, les mots qui décrivent et les phrases qui font voir; il pense plus aux tristesses des choses qu'il ne verra plus qu'à leur beauté immanente et éternelle; pourtant, il n'a pu ni dû se refuser à l'appel qui lui était adressé et qui lui a permis d'attester une dernière fois sa reconnaissance, son dévouement et sa piété.

Frédéric MASSON

Extrait du journal Les Arts (mai 1904).

DÉSIGNATION

PERLES

1 — **Magnifique collier** de sept rangs de perles, comprenant trois cent quatre-vingt-quatre perles, pesant environ 4.200 grains, avec muguets en brillants, et un fermoir composé d'une barrette de cinq grosses perles et trente-six petites perles.

Offert par l'Empereur Napoléon Ier
à S. M. la Reine de Westphalie.

Ce collier pourra être divisé :

Premier rang : soixante-douze perles.
Deuxième rang : soixante-cinq perles.
Troisième rang : cinquante-huit perles.
Quatrième rang : cinquante-deux perles.
Cinquième rang : quarante-neuf perles.
Sixième rang : quarante-cinq perles.
Septième rang : quarante-trois perles.
Le fermoir perles.

2 — **Splendide collier** d'un rang de cinquante et une grosses perles blanches et rondes d'Orient, pesant environ 1.380 grains.

Provenant de S. M. la Reine Sophie de Hollande.

3 — SUPERBE COLLIER d'un rang de quarante-quatre grosses perles blanches et rondes d'Orient, pesant environ 1.080 grains.

Provenant de S. M. la Reine Sophie de Hollande.

4 — SUPERBE COLLIER d'un rang de trente-huit grosses perles blanches et rondes d'Orient, pesant environ 860 grains.

Provenant de S. M. la Reine Sophie de Hollande.

5 — SPLENDIDE COLLIER d'un rang de trente-trois grosses perles noires, pesant environ 1.040 grains.

Provenant de S. M. la Reine de Westphalie.

6 — IMPORTANT COLLIER composé de cent deux perles blanches et de quatre grosses perles noires, et enrichi d'une pendeloque perle poire blanche en forme de gland, avec un gland de perles bayadères à culot d'émeraudes et de rubis. Les perles blanches pesant environ 1.060 grains, les quatre perles noires 290 grains et la perle poire blanche 90 grains.

7-8 — TRÈS BEAU COLLIER, DIT DE CHIEN, composé de cinq rangs de perles, comprenant trois cent vingt perles, pesant environ 1.520 grains, et enrichi de deux fermoirs formés chacun de trois bandes en brillants, avec milieu perle blanche bouton.

Ce collier, formant deux bracelets, pourra être divisé :
Premier bracelet : cinq rangs, cent soixante perles.
Deuxième bracelet : cinq rangs, cent soixante perles.

9-15 — TRÈS BEAU COLLIER TOUR DE COU sur velours, composé de sept boutons perles grises, avec entourages en brillants.

Cette parure pourra être divisée.

16-22 — Importante parure composée de sept perles poires grises, enrichies d'un chaton brillant et d'un clocheton en brillants, et formant pampilles de collier.

Cette parure pourra être divisée.

23 — Fil de vingt-six petites perles blanches.

*
* *

24 — Broche composée d'une grosse perle blanche bouton, montée entre deux solitaires brillants anciens.

25 — Broche composée d'une grosse perle grise bouton, montée entre deux solitaires brillants anciens.

26 — Broche grand macaron, formée d'une très belle perle blanche bouton, entourée de quatre gros brillants et de douze brillants moyens d'entre-deux ; monture joaillerie.

27 — Broche petit macaron, formée d'une très belle perle blanche bouton, entourée de quatre gros brillants et de huit brillants moyens d'entre-deux ; monture joaillerie.

28 — Broche petit macaron, formée d'une très jolie perle blanche bouton, avec double entourage en brillants, le premier composé de quatorze petits brillants, l'autre de quatre gros brillants et de huit brillants moyens d'entre-deux.

29 — Broche petit macaron, formée d'une jolie perle blanche bouton avec double entourage en brillants, le premier composé de vingt petits brillants, l'autre de quatre gros brillants et de huit brillants moyens d'entre-deux.

30 — BROCHE PETIT MACARON, formée d'une perle blanche bouton, avec triple entourage en brillants, les deux premiers composés de quarante-deux petits brillants, le troisième de quatre gros brillants et de huit brillants moyens d'entre-deux.

31 — BROCHE composée d'une grecque en brillants, portant trois très belles pendeloques perles blanches forme poire, et une perle blanche forme bouton.

32 — BROCHE composée d'une grecque en brillants, portant trois belles pendeloques perles blanches forme poire, et une perle blanche forme bouton.

33 — BROCHE composée d'une grecque en brillants, portant trois belles pendeloques perles blanches forme poire, et une perle blanche forme bouton.

34 — GRANDE BROCHE étoile à cinq branches pavées en brillants, avec une grosse perle grise bouton au centre.

Offerte par l'Empereur Napoléon III
à S. A. I. Madame la Princesse Mathilde.

35 — JOLIE BROCHE LONGUE, composée d'une perle noire entourée de brillants, et de deux brillants de côtés.

36 — BROCHE BARRETTE, composée de neuf perles blanches, avec griffes serties en roses.

37 — PETITE BROCHE QUADRILLE, formée de quatre perles, quatre rubis cabochons, et un brillant de centre.

*
* *

38 — PAIRE DE PENDELOQUES formées de deux magnifiques perles poires blanches, pesant environ 140 grains, et surmontées d'un clocheton en roses et d'un chaton brillant (avec crochets).

Provenant de S. M. la Reine de Westphalie.

39 — PAIRE DE PENDELOQUES formées de deux grosses perles poires blanches, surmontées d'un clocheton en roses et d'un chaton brillant (avec crochets).

40 — PAIRE DE PENDELOQUES formées de deux perles poires blanches, surmontées d'un clocheton en roses et d'un chaton brillant (avec crochets).

41 — PAIRE DE PENDELOQUES formées de deux perles poires blanches. surmontées d'un clocheton en roses (tiges taraudées).

42 — PAIRE DE PENDELOQUES formées de deux perles poires blanches (sans montures).

43-47 — IMPORTANTE PARURE composée de cinq pendentifs perles grises et brillants (avec crochets), dont détail suit :

43. Trois perles grises forme bouton et une perle grise forme poire, avec brillants d'entre-deux.
44. Trois perles grises forme bouton, avec brillants d'entre-deux.
45. Trois perles grises forme bouton, avec brillants d'entre-deux (une perle percée).
46. Trois perles grises forme bouton, avec brillants d'entre-deux.
47. Trois perles grises forme bouton, avec brillants d'entre-deux.

Cette parure pourra être divisée.

48 — PENDELOQUE, grosse perle grise forme poire, surmontée d'un clocheton et d'un croissant sertis en brillants, avec un brillant d'entre-deux.

49 — PENDENTIF composé d'un nœud et d'une guirlande en culots Louis XVI sertis en roses, avec une grosse et belle perle poire grise suspendue en pampille intérieure, et une pendeloque perle grise.

*
* *

50 — PAIRE DE BOUTONS D'OREILLES formés de deux grosses perles blanches, dont une belle d'Orient, et pesant environ 184 grains.

51 — PAIRE DE BOUTONS D'OREILLES formés de deux perles noires, entourées de brillants.

*
* *

52 — PEIGNE en forme de bandeau, composé de treize très belles perles blanches et rondes d'Orient.

53 — PEIGNE en forme de bandeau, composé de treize très belles perles blanches et rondes d'Orient.

54 — PEIGNE en forme de bandeau, composé de vingt et une jolies perles blanches.

55 — PEIGNE en forme de couronne, formé de trois rangs de perles blanches avec entre-deux de bandes joaillerie serties de roses.

56 — PEIGNE en forme de couronne, formé de trois rangs de perles blanches, avec entre-deux de bandes joaillerie serties de roses.

57 — DEUX ÉPINGLES DE COIFFURE en écaille brune, couronnées d'un demi-cercle de perles blanches.

BRILLANTS

ET

PIERRES DE COULEUR

58 — MAGNIFIQUE RIVIÈRE composée de vingt-deux brillants blanc-bleuté de l'Inde, montés à l'ancienne.

59 — BEAU COLLIER composé de pampilles en brillants, dites « russes », et formant diadème.

60 — GRAND COLLIER, formant sautoir, composé de trente-huit feuilles d'acanthe en brillants.

61 — RIVIÈRE composée de soixante-dix-neuf brillants, montés en chatons carrés.

62 — DEVANT DE COLLIER formé de trois anneaux-gourmettes mobiles, pavés en brillants.

*

*   *

63 — SPLENDIDE BRILLANT ROSE, en forme de poire, monté en pendeloque.

64 — GRAND NŒUD EN BRILLANTS, formant devant de corsage ; pierres anciennes.

65 — Importante branche de corsage, composée d'une rose épanouie et deux boutons de rose avec onze feuilles entièrement pavées en très beaux brillants du Brésil.

66 — Grande broche « Aigle impérial », entièrement en brillants anciens.

67 — Broche tête d'aigle impérial, en diamants.

68 — Broche formée d'un grand saphir de Ceylan et de quatre brillants anciens, montés à griffes.

69 — Broche formée d'un saphir ovale de Ceylan, avec un entourage de brillants.

70 — Pendentif composé de trois émeraudes rectangles, avec entourages et petit nœud sertis en brillants sur or.

71 — Applique, grande émeraude carrée, monture ancienne.

72 — Broche formée d'une émeraude rectangulaire, avec un entourage de brillants.

73 — Pendentif de style Louis XVI, composé d'une grande émeraude carrée à pans coupés, avec petit entourage et feuillages diamants sertis sur or.

74 — Fermoir de collier, se montant en broche, avec émeraude carrée au centre et entourage de brillants; griffes à l'ancienne.

75 — Fermoir de collier, se montant en broche, avec saphir long au centre et entourage de brillants; griffes à l'ancienne.

76 — Broche composée de trois grands épis sertis en brillants, avec un feuillage vert translucide sur or.

77 — Broche, grande feuille de lierre, entièrement pavée en brillants anciens.

78 — Broche, feuille de lierre, grandeur mixte, entièrement en brillants anciens.

79 — Broche, feuille de lierre, grandeur mixte, entièrement en brillants anciens.

80 — Broche, petite feuille de lierre, entièrement en brillants anciens.

81 — Broche, petite feuille de lierre, entièrement en brillants anciens.

(Les cinq feuilles de lierre qui précèdent forment bandeau; pourront être réunies en un seul lot.)

82 — Pendentif carré, composé de quatre gros brillants avec douze brillants d'entre-deux (le centre manquant).

83 — Pendentif carré, composé de quatre gros brillants avec douze brillants d'entre-deux (le centre manquant).

84 — Pendeloque formée d'un rubis d'Orient, clair et long, entouré de brillants, avec une bélière chaton brillant.

85 — Broche, formée d'une turquoise entourée de brillants.

86 — Grande pendeloque formée d'une turquoise rectangulaire entourée de brillants, avec une bélière chaton brillant.

87-89 — TROIS PAIRES DE PENDELOQUES formées chacune de deux turquoises de Perse entourées de brillants, et surmontées d'un chaton brillant.

Cette parure pourra être divisée.

90 — BROCHE PENSÉE, composée de trois gros brillants anciens et de deux pétales en améthyste.

91 — BROCHE NŒUD, en brillants, bordée d'un filet d'émail noir sur or.

92 — PETITE BROCHE, époque Louis XVI, composée d'une torche et d'un carquois avec flèches, le tout en petits diamants.

*
* *

93 — PAIRE DE BOUTONS D'OREILLES, formés de deux très beaux solitaires brillants anciens.

94 — PAIRE DE BOUTONS D'OREILLES, formés de deux belles boules émeraudes suspendues, et de deux chatons brillants sur les brisures.

95 — PAIRE DE BOUTONS D'OREILLES, formés de deux solitaires saphirs, monture ancienne.

96 — PAIRE DE BOUTONS D'OREILLES, formés de deux turquoises entourées de brillants (dont une d'imitation).

97 — PAIRE DE PENDANTS D'OREILLES, formés de quatre saphirs poires entourés de brillants, avec un petit chaton brillant d'entre-deux.

*
*   *

31.3.. 98 — GRAND DIADÉME, formant couronne, composé de fleurons et orne-
1r Narcoso ments en brillants.

99 — BANDEAU DE COIFFURE, formé de brillants sertis en chatons carrés;
monture or.

100 — BANDEAU DE COIFFURE, formé de brillants sertis en chatons carrés;
monture or.

101 — PEIGNE formé d'une bande de vingt-deux brillants, avec un
gros brillant de centre, sur émail noir.

102 — PETIT PEIGNE DE CÔTÉ, formé d'une bande de dix-neuf brillants.

103 — PETIT PEIGNE DE CÔTÉ, formé d'une bande de dix-neuf brillants.

104 — ÉPINGLE DE COIFFURE, formée d'une violette en brillants.

105 — TROIS ÉPINGLES DE COIFFURE, formées chacune d'une violette en
diamants.

*
*   *

106 — BRACELET forme manchette, composé de grecques articulées,
tout en brillants.

107 — BRACELET forme manchette, composé de grecques articulées,
tout en brillants.

108 — GRANDE BOUCLE DE CEINTURE, M pavée en brillants.

BIJOUX
Joaillerie, Émail et Or

109 — BRACELET corps jonc or, avec applique au centre, composée d'un beau rubis d'Orient entouré de dix brillants.

110 — TRÈS JOLI BRACELET, résille souple, joaillerie sur or, entièrement serti de bandes de brillants et de rubis d'Orient.

*Offert par l'Empereur Napoléon III
à S. A. I. Madame la Princesse Mathilde.*

111 — BEAU BRACELET corps jonc or, composé de deux importantes briolettes émeraude et de trois brillants avec culots diamants.

112 — BRACELET corps jonc or, avec bande formée de trois saphirs cabochons et de quatre beaux brillants.

*Offert par le Roi Victor-Emmanuel II
à S. A. I. Madame la Princesse Mathilde.*

113 — BRACELET gourmette or, enrichi d'un saphir, deux rubis, deux émeraudes et quatre brillants d'entre-deux.

114 — BRACELET gourmette or, enrichi d'un saphir, deux rubis, deux émeraudes et quatre brillants d'entre-deux.

115 — BRACELET gourmette or, portant au centre une applique rubis monté à fond et entouré de brillants, et sur les côtés : une émeraude, un saphir et quatre brillants d'entre-deux.

116 — BRACELET fil d'or, portant au centre une perle blanche bouton.

117 — BRACELET corps jonc or, portant au centre une grosse perle grise.

118 — BRACELET deux fils d'or, portant deux appliques formées chacune d'une perle noire entourée de brillants.

119 — BRACELET deux joncs d'or, portant au centre une perle blanche entourée de brillants.

120 — BRACELET gourmette d'or, portant au centre une applique formée d'une perle noire entourée de roses, et formant médaillon.

121 — BRACELET gourmette or, avec bande composée de vingt-deux perles et griffes serties de roses.

122 — BRACELET gourmette or, avec bande composée de vingt-deux perles et griffes serties de roses.

123 — BRACELET gourmette or, portant au centre un saphir de Ceylan entouré de roses.

124 — BRACELET gourmette or, portant au centre une émeraude entourée de roses.

125 — BRACELET corps jonc or, avec une applique turquoise entourée de seize brillants.

126 — BRACELET gourmette or, avec une applique turquoise entourée de quatorze brillants.

127 — BRACELET semainier, composé de sept fils d'or, avec un fermoir serti d'une émeraude et de deux brillants.

128 — BRACELET chaîne souple lapidée or, formant quatre tours, avec quatre glands, et portant un fermoir saphir entouré de brillants.

129 — Bracelet chaîne souple lapidée or, formant quatre tours, avec quatre glands, et portant un fermoir saphir entouré de brillants.

130 — Bracelet corps jonc or, portant au centre un saphir et deux brillants.

131 — Bracelet corps chevalière or, portant au centre un grand saphir monté à fond.

132 — Bracelet bande or, serti de dix-huit brillants choisis.

133 — Bracelet bande or, serti de vingt-six brillants choisis.

134 — Bracelet bande or, serti de seize rubis d'Orient.

135 — Bracelet corps jonc or, portant neuf rubis cabochons et dix brillants d'entre-d'eux.

136 — Bracelet d'or, bande souple articulée et quadrillée, sertie en roses, avec fermoir composé de trois bandes en brillants.

137 — Bracelet formé de six anneaux articulés, avec émail noir et brillants, et reliés par quatre barrettes serties de turquoises.

138 — Bracelet formé de six anneaux articulés, avec émail noir et brillants, et reliés par quatre barrettes serties de turquoises.

Ces deux bracelets peuvent être réunis en un seul lot.

139 — Bracelet forme serpent articulé or, avec tête joaillerie sertie de rubis et brillants; centre petite émeraude.

140 — Bracelet forme serpent articulé or, avec tête joaillerie portant une perle grise et un pavage roses.

141 — BRACELET corps rigide, grecques d'or, portant au centre un aigle en diamants, et sur le tour des abeilles serties en roses.

Médaillon intérieur contenant des cheveux de l'Empereur Napoléon III.

142 — BRACELET corps rigide, « *Remember* » serti en roses sur émail noir.

143 — BRACELET corps jonc or mat, « *Souvenir* » serti en roses.

144 — BRACELET fleur de lys rouge, type Renaissance ; travail d'or et d'émaux.

145 — BRACELET de style, portant une émeraude pointue montée en chaton ; travail d'or et d'émaux, avec serti de perles et de pierres de couleur.

146 — BRACELET indien, type primitif, orné d'émeraudes, de rubis et de perles baroques.

147 — BRACELET indien, en forme d'anneau rigide, décoré à l'intérieur d'émaux champlevés translucides, et à l'extérieur de pierres fines variées.

148 — DEUX BRACELETS indiens, articulés et décorés d'émaux champlevés translucides (les deux formant collier).

149 — BRACELET gourmette d'or, portant quatre appliques et un médaillon de cornaline, avec intailles.

150 — BRACELET corps jonc or, portant un grand camée tournant (tête d'Hercule), et deux ligatures d'or à l'antique.

151 — BRACELET chaîne d'or, portant cinq boules de corail rose.

152 — BRACELET corps jonc or, orné de dix turquoises serties et bordé de deux cordelettes d'or.

153 — BRACELET corps jonc or, orné de dix turquoises serties et bordé de deux cordelettes d'or.

154 — BRACELET d'or, à corps rigide, décoré de filigranes d'or (travail oriental).

155 — DEUX BRACELETS russes, composés de chaîne tissu d'or sur une largeur de 65 millimètres (les deux réunis formant collier).

156 — DEUX BRACELETS articulés, grecques d'or mat ajourées (les deux réunis formant collier).

157 — BRACELET d'or corps rigide, formé d'une double chaîne gourmette agrémentée de petites boules d'or, et bordé d'une tresse d'or.

158 — BRACELET d'or corps rigide, formé d'une double chaîne gourmette agrémentée de petites boules d'or, et bordé d'une tresse d'or.

159 — BRACELET d'or, chaîne forçat, portant en pampille une grosse boule d'or.

160 — BRACELET d'or, chaîne colonne ronde, portant un cadenas d'or en pampille.

161 — BRACELET d'or, chaîne lapidée (sans son applique).

162 — BRACELET d'or, chaîne lapidée souple (sans son applique).

163 — BRACELET D'OR, chaîne gourmette gravée (sans son applique).

*
* *

164 — BROCHE mouche, le dos orné d'un rubis d'Orient, le corps formé d'une poire perle blanche, les ailes pavées en brillants.

165 — BROCHE mouche, ornée d'un brillant sur la tête et d'une émeraude sur le dos, le corps formé d'une poire perle blanche, les ailes serties en brillants.

166 — BROCHE mouche, ornée d'un brillant sur la tête et d'une turquoise sur le dos, le corps formé d'une poire perle blanche, les ailes serties en brillants.

167 — BROCHE mouche, ornée d'un rubis sur la tête et d'une émeraude sur le dos, le corps formé d'une perle blanche, les ailes serties en brillants.

168 — BROCHE mouche, ornée d'un rubis sur la tête et d'une émeraude sur le dos, le corps formé d'une perle blanche, les ailes serties en brillants.

169 — BROCHE frelon, le corps serti en brillants, les ailes formées de deux gros grenats cabochons.

170 — BROCHE abeille, le corps d'or et d'émail, le dos orné d'un brillant, les ailes serties en roses et les pattes en émail noir.

171 — BROCHE guêpe, le corps d'or et d'émail, le dos orné d'un brillant et les ailes serties en roses.

172 — BROCHE abeille, le corps d'or et d'émail, les ailes serties en rubis et en brillants (montée sur une épinglette perle).

173 — BROCHE papillon, le dos orné d'une opale et les ailes d'or serties de rubis et de brillants.

174 — BROCHE papillon tout or, avec les ailes mobiles, finement gravées et décorées de petits points d'émail rouge.

175 — BROCHE libellule d'or, avec le corps en émail vert translucide et les ailes décorées de fines nervures d'émail noir.

176 — BROCHE libellule d'or, avec le corps en émail noir serti de roses, et les ailes en nervures d'or finement ajourées.

177 — BROCHE petit papillon, serti en pierres de couleur et en diamants.

178 — BROCHE petit papillon, serti en pierres de couleur et en diamants.

179 — BROCHE formée d'une plume de paon en or ciselé, avec une applique saphir cabochon entouré de brillants.

180 — BROCHE composée d'une améthyste ronde entourée de brillants.

181 — BROCHE formée d'une flèche sertie en brillants, et portant au centre une perle blanche longue.

182 — FERMOIR DE COLLIER, formé de cinq perles blanches avec deux bordures en brillants.

183 — BROCHE barrette composée de onze perles blanches retenues par des griffes serties en roses.

184 — BROCHE formée d'une flèche ornée de demi-perles et de roses serties sur or.

185 — Deux épingles de nourrice en or, ornées chacune de sept perles.

186 — Broche formant agrafe, composée d'un petit serpent sinueux en or.

187 — Broche formée d'un épi de blé en or ciselé.

188 — Broche composée de trois violettes et de deux feuilles en émail translucide et diamants.

Offerte par l'Empereur Napoléon III
à S. A. I. Madame la Princesse Mathilde.

189 — Broche formée d'un petit bouquet de violettes de Parme en émail opaque, avec feuilles en émail translucide sur or.

190 — Broche pensée, en émaux bleu et violet translucides, avec centre brillant.

191 — Broche pensée, en émaux bleu et violet translucides, avec centre brillant.

192 — Broche pensée, en émaux bleu et violet translucides, avec centre brillant.

193 — Broche pensée, en émaux bleu et violet translucides, avec centre brillant.

194 — Broche pensée, en émaux bleu et violet translucides, avec centre brillant.

195 — Broche capucine, en émail rouge translucide, avec les pistils en brillants.

196 — Broche trèfle en émail vert translucide sur or, avec une bordure de petites roses serties.

Offerte par S. M. l'Impératrice Eugénie
à S. A. I. Madame la Princesse Mathilde.

197 — Broche formée par deux agrafes d'or entièrement serties de demi-perles.

198 — Broche agrafe d'or mat.

199 — Broche d'or, de forme ronde, avec des lauriers ciselés, et portant l'inscription en relief : « *10. Triumphe* ».

200 — Broche d'or, de forme ronde, portant au centre une fleur d'églantine entourée d'une couronne d'épines.

*
*   *

201 — Médaillon d'or mat, portant au centre une perle blanche bouton, entourée de rubis et de brillants.

202 — Médaillon d'or mat, portant au centre une perle blanche bouton, entourée de brillants.

203 — Médaillon d'or mat, portant au centre une perle grise bouton, entourée de brillants.

204 — Médaillon d'or mat, portant au centre un saphir entouré d'une étoile en brillants.

205 — Médaillon d'or mat, portant au centre une turquoise entourée de brillants.

206 — Médaillon d'or mat, portant au centre un rubis d'Orient entouré d'une étoile en brillants.

207 — Médaillon d'or mat, portant au centre une perle blanche entourée d'une étoile en brillants.

Les sept médaillons indiqués ci-dessus proviennent du collier n° 235.

208 — Grand médaillon d'or mat, portant au centre une émeraude entourée de quatre perles et de brillants.

209 — Médaillon d'or mat, composé de dix turquoises calibrées avec centre brillant, entourage de diamants et pampille perle.

210 — Médaillon composé de turquoises calibrées et de brillants, et entouré de deux joncs d'or enlacés.

211 — Médaillon de cristal à double face, serti de demi-perles, avec un filet d'émail noir.

212 — Médaillon demi-boule, avec semis de perles, entouré d'une cordelette d'or.

213 — Médaillon composé d'un entrelacs de grenats taillés et de brillants.

214 — Médaillon en onyx, entouré de demi-perles.

215 — Médaillon d'or mat, portant au centre un scarabée en émail bleu.

216 — Pendentif formé par un paon d'or émaillé, enrichi de brillants et de pierres de couleur, avec une bélière en brillants et une pendeloque perle blanche.

217 — JOLI PENDENTIF formé d'un camée en émeraude, avec trois perles et quatre rubis sur chatons émaillés en blanc.

218 — GENTIL PENDENTIF dans le style de la Renaissance, avec émaux et filigranes (le centre manquant).

219 — PENDENTIF formé par un petit serpent en or, avec un brillant suspendu en pampille.

220 — CROIX d'or, sertie de demi-perles et bordée d'un filet d'émail bleu, avec trois poires perles blanches, suspendues en pampilles, et une bélière sertie de demi-perles.

*

*   *

221 — BOUCLE DE CEINTURE, de forme rectangulaire, sertie de demi-perles et bordée d'un filet d'émail noir.

222 — DEUX PETITES BOUCLES d'or, serties de demi-perles, et formant passants.

223 — BOUCLE DE CEINTURE en or, de forme rectangulaire, à filets gravés.

224 — BOUCLE DE CEINTURE en onyx, avec monture d'or, de forme rectangulaire.

225 — AGRAFE DE CEINTURE en or, formée de rubans enlacés.

226 — PETITE BOUCLE d'or, de forme longue, pour la ceinture.

*
* *

1.100 227 — Collier formé par un serpent articulé, en émail noir sur or, avec la tête ornée d'une perle blanche entourée de dix brillants.

920 228 — Collier formé par un serpent articulé, en émail noir sur or, avec la tête ornée d'une perle blanche entourée de petits brillants.

570 229 — Collier formé par un serpent articulé en or, faisant deux tours, avec les yeux en diamants.

400 230 — Collier d'or portant des pampilles d'or mat, en forme de petites amphores grecques.

185 231 — Collier formé d'une grosse chaîne forçat en or, et muni d'un anneau à ressort.

52 232 — Collier formé d'une chaîne ovale lapidée, en or, avec les boîtes serties en brillants.

233 — Collier formé d'une chaîne ronde lapidée, en or.

234 -- Petit collier formé d'une chaîne ronde lapidée, en or.

235 — Petit collier formé d'une chaîne jonc lapidée en or, et portant sept mousquetons.

87 236 — Collier formé d'une chaîne ronde lapidée, en or, et portant vingt et une boules de grenats suspendues avec des pampilles de perles.

237 — **Collier** composé d'une rangée de pampilles en forme de cœurs, et serties de rubis et d'émeraudes avec entourages de perles (travail indien).

238 — **Collier** composé de graminées d'or mince, enfilées (travail indien).

239 — **Collier** composé de trente-huit grosses boules en grenats.

240-242 — **Trois colliers** composés de cent quarante-neuf petites boules en grenats.

Le premier composé de cinquante-trois boules.
Le second composé de cinquante boules.
Le troisième composé quarante-six boules.

243 — **Collier** composé de trois rangs de boules en grenats, avec deux appliques également en grenats, et formant deux bracelets.

244 — **Collier** composé de quarante-huit grosses boules d'onyx, avec une plus grosse boule d'onyx sertie d'un brillant, et formant médaillon.

245 — **Collier** formé de soixante-cinq grosses boules d'onyx.

246 — **Collier** formé de quarante grosses boules de corail.

247-250 — **Quatre colliers** formés de deux cent cinquante-six boules de corail.

Premier rang : soixante-seize boules.
Second rang : soixante-huit boules.
Troisième rang : soixante boules.
Quatrième rang : cinquante-deux boules.

251 — **Collier** composé de trois rangs de boules de corail, avec petits muguets en brillants, portant deux appliques avec boules de corail, et se décomposant en deux bracelets.

252 — Chapelet composé de cent cinquante-trois perles et de quatorze boules de grenats, et portant un mousqueton d'or.

*
* *

253 — Pendants d'oreilles, pampilles en forme de cœurs, serties de rubis et d'émeraudes avec entourages de perles ; travail indien (accompagnant le collier n° 237).

254 — Pendants d'oreilles créoles, formés de quatre anneaux d'or mobiles, portant cinq perles blanches.

255 — Pendants d'oreilles, composés de pampilles d'or mat en forme de petites amphores grecques (accompagnant le collier n° 230).

256 — Pendants d'oreilles, composés de trois pampilles boules de grenats et de petites perles (accompagnant le collier n° 236).

257 — Boutons d'oreilles, coussins d'or, sertis au centre l'un d'un rubis, l'autre d'une émeraude, avec entourages de roses.

258 — Pendants d'oreilles formés de boules d'onyx montées sur fils d'or, en forme de trapèzes.

259 — Pendants d'oreilles formés de boules d'onyx, avec des entre-deux de perles.

260 — Pendants d'oreilles formés de boules de corail, avec des entre-deux de brillants.

*
* *

261 — Diadème composé de feuilles de chêne avec glands, en or mat.

262 — Diadème en or mat, formé d'une grecque ajourée.

263 — Diadème formé de branches et de boules de corail.

264 — Peigne en or mat décoré de feuilles de lierre ciselées.

265 — Deux peignes de côtés, décorés de feuilles de lierre ciselées.

266 — Peigne orné de boules de corail.

267 — Deux petits peignes de côtés, ornés de boules de corail, sur fond d'or mat.

268 — Deux petits peignes de côtés, ornés de boules d'or.

269 — Deux épingles de bonnet, formées de deux grosses boules d'or.

270 — Épingle de chapeau, formée d'une boule d'or sertie de petits rubis.

271 — Épingle de coiffure avec tête en fils d'or tournants, et fleurettes en émail turquoise.

272 — Deux épingles de chapeau, en forme de poires, ornées de filigranes et de turquoises sur or.

273 — Épingle de chapeau formée d'un petit nœud en or.

274 — Cinq épingles de bonnet, en forme de petites langues double-face (cuivre ajouré et doré).

DIVERS

275 — Montre avec sa chatelaine, en or ciselé enrichi de roses serties et de pierres de couleur; la châtelaine portant un médaillon en pierres de couleur et un crayon d'or décoré d'abeilles en roses. Époque Louis XV, origine anglaise.

276 — Flacon a sels en or, de style égyptien, décoré d'ornements gravés et de têtes en relief, et enrichi de perles et de pierres précieuses. (Suspendu par une chainette d'or à une bague perle et petits diamants.)

277 — Chatelaine composée de deux barrettes et d'une boucle en perles blanches sur un ruban de soie noire.

278 — Crochet de montre, formé d'une pastille de lapis et d'une chaîne double-gourmette d'or, avec mousqueton.

279 — Chaine de montre formée de boules d'or enfilées, et portant un médaillon orné d'une applique de petits rubis et de diamants.

280 — Chaîne de montre Figaro or. avec cinq petits tonnelets d'or émaillé.

281 — Petite montre en or, à boîtier guilloché avec couronne gravée; remontoir système Pateck.

282 — Sept épingles de cravate, à têtes perles blanches.

283 — Vingt épinglettes, avec têtes en perles blanches et de fantaisie.

284 — Étui de cuir bleu, avec coccinelle d'émail, portant six épinglettes perles.

285 — Étui de cuir brun, portant vingt épinglettes perles.

286 — Quinze épinglettes, dont douze avec têtes d'or et trois avec pierres fines.

287 — Épingle de cravate, figurant une croix de Saint-André en rubis, avec pavage en brillants.

288 — Deux épingles de cravate, boules d'émail vert sur or, avec spirales en diamants.

289 — Petit écrin contenant quatre épingles de cheveux avec fers à cheval en diamants, et six épingles de cheveux en fils d'or tournés, avec perles blanches pointées.

290 — Bague en or ciselé, formée d'une chimère mordant un rubis d'Orient.

291 — Bague formée d'un camée, tête d'enfant sur pierre fine, avec entourage de roses.

292 — Lot de huit bagues diverses.

293 — Paire de boutons de manches en or et onyx, avec petites abeilles en joaillerie incrustée.

294 — Garniture de chapelet composée d'une croix et d'une médaille d'or, avec cinq boules en lapis.

295 — DEUX PETITS ANGES en or fin émaillé (pièces démontées).

296 — LOT de quatorze très belles améthystes de Sibérie, montées sur griffes d'or et clochetons en diamants.

297 — ÉMERAUDE carrée pesant 12 c. 1/32.

298 — LOT de petits brillants sur papier. pesant 7 c. 7/8.

299 — LOT de roses sur papier, pesant 1 c. 1/4 1/32.

300 — OMBRELLE de soie blanche avec manche pliant en ivoire sculpté, recouvert d'une résille alternée d'or et d'émail rouge translucide, enrichie de diamants, — le pommeau se terminant par une grosse perle noire ; chaîne colonne d'or, avec glands en or. et coulant formé d'une perle noire ; anneau et bout en or. émail rouge translucide, et diamants.

301 — FLACON A SELS en cristal, avec bouchon d'or mat et pastille de lapis.

302 — PETIT FLACON A SELS en cristal, avec bouchon d'argent et cabochon de grenat.

303 — FLACON A SELS, avec cassolette, de style Louis XVI, en cristal et or de couleur guilloché.

304 — ÉTUI en agate, avec monture d'or (époque Louis XV).

305 — ÉTUI à cire en or. décoré de peintures de style Louis XV.

306 — Petit étui cylindrique en écaille, avec monture d'or.

307 — Étui en vernis Martin (scènes de bergeries).

308 — Ciseaux coupe-œufs, avec monture en vermeil figurant un coq.

309 — Boîte ronde, en émaux opaques et filigranes d'argent doré (travail russe).

310 — Vide-poche en émaux opaques et filigrane d'argent doré (travail russe).

311 — Petit cendrier en émail rouge translucide sur argent, avec bordure d'émail à jour (travail indien).

312 — Bonbonnière d'argent en forme de cœur, portant sur le couvercle les armes pontificales, en émaux peints.

313 — Bonbonnière en or, de forme ovale, et décorée d'ornements en émail champlevé (travail indien).

314 — Petit flacon en lapis, avec monture en argent (travail hispano-mauresque).

315 — Couvert miniature en écrin, figurines d'ivoire sculpté (pièce ancienne).

316 — Ouvre-lettres en écaille blonde, orné d'un petit serpent en bronze ciselé.

HORLOGES

317 — PENDULE DE VOYAGE en bronze ciselé et doré, avec décor d'ornements Empire pris sur pièce, exécutée pour l'Empereur Napoléon Ier par Abraham Bréguet, en 1810 environ.

Mouvement : Échappement à ancre, garni de levées visibles, en rubis ; balancier compensateur, spirale à courbe de Bréguet, parachute.

Huit cadrans indiquant : le temps vrai et le temps moyen, (équations du temps), — les secondes, les phases de la lune, le calendrier perpétuel complet (jour, quantième, mois et année), — le développement du ressort, un thermomètre métallique et un réveil-matin.

Grande sonnerie d'heures et quarts au passage, et répétition à volonté d'heures et quarts. Clef Bréguet.

Boîte d'acajou, garnie de baguettes et de coins en cuivre, avec intérieur en velours vert Empire.

Cette pièce d'horlogerie remarquable, en parfait état de conservation, est le « chef-d'œuvre » de Bréguet, le père.

318 — PENDULE DE VOYAGE en jaspe sanguin, avec appliques d'ornements en argent ciselé et doré, poignée en jaspe et argent flinqué, revêtu d'émail vert, exécutée par Bréguet neveu.

Mouvement à échappement Duplex, spirale à courbe de Bréguet, balancier compensateur, cadran indiquant le temps moyen, avec un calendrier perpétuel complet (jour, quantième, mois et année). Grande sonnerie d'heures et quarts au passage et répétition à volonté d'heures et quarts. Réveil-matin.

Socle de marbre et lapis, avec mosaïques de Florence.

Pièce d'une exécution remarquable.

319 — PETITE PENDULE DE VOYAGE en argent et or, avec émaux cloisonnés opaques, décor japonais (oiseaux et plantes), exécutée par Alexis Falize.